QUESTIONS

BUDGETS DE 1814 ET DE 1815.

QUESTIONS

D'UN PROVINCIAL

SUR L'ÉTAT ACTUEL,

ET SUR

LES BUDGETS DE 1814 ET DE 1815.

Quid verum atque decens curo et Rogo
et omnis in hoc sum.

HORAT.

PARIS,

J. G. DENTU, IMPRIMEUR-LIBRAIRE,
rue du Pont de Lodi, n° 3, près le Pont-Neuf;
et Palais-Royal, galeries de bois, nᵒˢ 265 et 266.

1814.

QUESTIONS

SUR LES

BUDGETS DE 1814 ET DE 1815.

—

Depuis trente ans, mon cher Val..., je lis avec avidité les journaux, les livres, les brochures qui nous arrivent de la capitale; mon cabinet sera bientôt plein des collections que j'ai faites, et ma mémoire est si fidèle, que je serais en état d'indiquer ce que contiennent tant de feuilles; aussi mes voisins me consultent, lorsqu'il s'agit d'expliquer un passage, une loi, un décret. Il n'y a que dans ma famille où l'on marque peu de déférence pour mes décisions.

Ma femme, qui est pourtant une femme d'esprit, prétend que j'aurais beaucoup mieux fait d'employer mon temps et mon argent à mes affaires. Mon fils soutient que l'on ne publie en France,

depuis vingt-cinq ans, que des livres in-
signifians, que des plates brochures; et
que les journaux n'ont été, pendant cette
longue période, qu'une arme pour les
intrigans et les factieux.

Ma fille Hortense n'est pas de cet
avis; c'est, comme vous savez, une personne qui a du charme, de la mélancolie:
elle soutient que les romans du siècle
sont admirables, que la perfectibilité
agit sans cesse sur l'esprit humain, que
les passions du cœur sont tout dans la
vie, et que le Feuilleton du Journal des
Débats doit aller à la postérité.

Mon neveu Dursac ne s'embarrasse
guère de politique ni de littérature ;
mais il est homme à grandes entre-
prises. Depuis quelque temps il avait
l'oreille basse, et sa femme était moins
insolente : je croyais qu'il avait beaucoup
perdu ; mais en songeant aux fournitures
qu'il avait faites à l'armée d'Espagne,
qu'on fournissait si mal, il lui est échappé
de me dire, avant le retour du Roi : « *Il*

faut que je me mette dans l'esprit que j'avais placé sur un corsaire : le corsaire est coulé bas ; eh bien ! tout est dit. Au surplus, les à-comptes que j'ai reçus valent à-peu-près ce que j'ai livré. » Ces fournisseurs ne sont pas maladroits, et je ne les crois pas fort à plaindre. Il est venu, la semaine dernière, passer deux jours dans le beau château qu'il a acheté dans notre pays ; je ne l'ai pas reconnu ; il avait repris toute sa morgue, et au lieu de répondre à mes questions sur les finances et sur l'esprit public, il ne m'a parlé que de ses projets, de ses protecteurs, et du crédit des commis avec lesquels il est associé.

Son frère Duval est bien plus liant. Celui-là raisonne, s'explique, apprécie ce qu'on lui dit ; on peut même ajouter qu'il est à l'affût des nouvelles : il faut voir avec quelle attention il m'écoute, lorsque je lui parle de la confiance que nous avons tous dans la sagesse du Roi et dans ses talens en administration !

Oh! le bon prince, me disait-il l'autre jour d'un air transporté ! tout ce que vous me dites soutiendra la rente : voyez déjà le cours de la place (1). En vérité, mon cher oncle, j'étais ruiné sans le retour des Bourbons. On ne sent pas

---

(1) Le cours des effets publics s'est considérablement amélioré depuis la restauration : cela devait arriver par toutes sortes de raisons ; mais que deviendra cette apparente prospérité , lorsqu'il y aura 759 millions de billets royaux en concurrence avec les autres effets ? Au surplus , le mouvement de la bourse de Paris n'a rien de commun avec celui de la bourse de Londres. En Angleterre , la dette publique est nécessaire pour le placement des capitaux surabondans : en France , au contraire , elle prive l'agriculture et le commerce de leurs faibles ressources , et ruine en outre l'état par la baisse de la valeur vénale du territoire ; ainsi les ministres ont grand tort de s'attacher à cet agiotage , et de se targuer d'une hausse momentanée ou de s'effrayer d'une baisse de quelques sous. Les agioteurs leur ont fait faire trop souvent de grands sacrifices pour obtenir ces misérables résultats.

assez combien nous sommes utiles. A présent, je le vois, on peut jouer à coup sûr à la hausse.

Il est parti tout de suite pour Paris ; presque tous nos voisins en on fait autant. Les uns ont été demander des places de conseillers d'état, ou des préfectures; les autres, des régimens, des ambassades, des pensions et la croix de Saint-Louis, ou de bons emplois de receveur, de directeur, d'entreposeur : tous m'avaient promis de m'écrire. J'espérais que leurs remarques dissiperaient les doutes et les inquiétudes que le rapport du ministre de l'Intérieur et les budjets du ministre des finances causent ici à tous les fidèles sujets du Roi; mais je n'entends plus parler de mes neveux ni de nos amis, et je ne vois que trop qu'ils ne songent qu'à leurs intérêts personnels. Il faut donc, mon cher Val...., que je m'adresse à vous, qui connaissez si bien les gens en place, les beaux esprits, les grandes intrigues et les petits moyens des grands faiseurs. Mon fils prétend que ce sont les Figaros de la révolution, et que s'ils ne marchent pas plus droit à l'avenir, ils finiront par être tout au moins désapointés.

Nous avons ici une société littéraire où l'on ne raisonne pas mal ; nous y jugeons les hommes et les choses ; et, quoiqu'il y ait comme par-tout des têtes folles, vous seriez étonné de voir avec quel à-plomb la société prononce ses arrêts.

Pour ne jamais être en contradiction avec nous-mêmes, nous avons imaginé de placer dans le lieu le plus apparent de nos séances, un tableau sur lequel sont inscrits les mots de raliement qui doivent nous guider.

On ne peut rien écrire sur ce tableau qu'avec l'assentiment de tous les membres de la société, et cet assentiment n'est demandé que lorsque la proposition a été examinée pendant six mois.

A l'aide de ces mots consacrés, et par

l'effet de la charte constitutionnelle , nous espérons qu'à l'avenir les erreurs n'auront pas une longue prise sur nos esprits, et que nos enfans s'accoutumeront à parler la langue vraiment patriotique que nous voulons établir, c'est-à-dire qu'ils ne sépareront plus dans leurs pensées ni dans leurs expressions , les choses que l'on ne peut diviser sans nuire à tous les intérêts.

Vous trouverez peut - être notre moyen bizarre; mais si vous faites attention que les locutions règlent presque toujours les idées, vous sentirez que nos principes, réduits en petites phrases , peuvent produire un grand effet (1).

Notre collection n'est pas bien longue, mais elle n'en vaut que mieux,

---

(1) Les Anglais ont quelque chose de semblable : ils ne parlent ordinairement de liberté qu'en disant *liberté* et *propriété ;* de religion , qu'en ajoutant l'*église* et l'*état.*

parce qu'on ne retient que ce qui est court, clair et positif. On pourra sans doute ajouter à notre tableau ; mais tel qu'il est , il peut suffire. Le voici :.

La religion et l'état ;
La justice et le Roi ;
Honneur par vertu ;
Liberté et propriété ;
Gouvernement et franchise ;
Le public est clairvoyant   :
Sage liberté de la presse , ou l'esclavage ;
Agriculture avec capitaux ;
Manufactures et consommateurs ;
Commerce et liberté ;
Travail et profit ;
Impôts sur facultés.

Vous allez peut-être me dire que ce tableau, que ces adages n'ont rien de commun avec le budget, et que j'oublie ce que je voulais : prenez un peu de patience , vous verrez que nos petites phrases vont me conduire aux questions que je vais vous faire, et qu'elles pourront motiver vos réponses. Tout autre que vous, pourrait m'opposer que le budget est depuis vingt-cinq ans en France un logogriphe inintelligible; que c'est de l'hébreu pour le public, et qu'il faut même que cela soit ainsi. Mais vous qui êtes de ces bons Français qui n'ont jamais abandonné la ligne de leurs devoirs, qui avez constamment réfléchi sur les causes de nos désordres, et qui avez cherché dans tous les temps à remédier à nos malheurs, vous ferez mieux que le vulgaire, vous verrez que le logogriphe n'est que trop clair, et vous étudierez les propositions que je vous fais.

Si le public procédait lui-même à cet examen, il préviendrait peut-être beaucoup de fautes. Son insouciance n'a pas contribué pour peu aux cruelles extravagances dont nous avons été les victimes et les témoins; mais alors il était impossible de faire triompher la vérité. Dites-moi donc comment il se peut qu'on veuille l'étouffer encore aujourd'hui en enchaînant l'imprimerie? Mon fils répète tous les jours que si nous avions eu la liberté de la presse sous l'empire de Buonaparte, il n'aurait jamais entrepris le blocus de l'Angleterre en cachant nos vaisseaux, et qu'au lieu de faire brûler les marchandises anglaises payées d'avance par nos marchands et par de grands personnages qui n'ont jamais dédaigné les petits bénéfices, quoiqu'ils aiment beaucoup mieux les gros profits, il aurait employé ces objets à faire des chemises, des gilets, des pantalons et des souliers à ses soldats.

Mon fils va bien plus loin : il soutient que s'il avait été permis alors de faire la moindre observation, la plus belle armée que la France ait produit, n'aurait pas été détruite en Russie, ou du moins qu'on n'aurait pas eu la bêtise de nous dire que c'était la faute du mauvais temps, comme si l'on ne devait pas prévoir qu'il ferait froid dans le nord pendant l'hiver.

Sur ce chapitre, ma femme et ma fille ne se possèdent pas. Ma femme a perdu dans cette campagne deux fils que la conscription nous avait enlevé, et je soupçonne que l'état d'un de nos voisins, gelé près de Moscou, est un peu cause de la mélancolie d'Hortense.

On dit, au surplus, que Buonaparte se plaint aujourd'hui de ce qu'on lui cachait la vérité. Eh! comment voulait-il qu'on la lui dise? Comment ne savait-il pas que les flatteurs et les intrigans n'ont jamais su que mentir?

Enfin, mon fils prétend que la liberté de la presse n'a de fait existé en France que pour le parti le plus fort, qui, depuis vingt-cinq ans, n'était pas le parti le plus raisonnable ; ce qui est la principale cause que la justice et le bon sens ont été si cruellement outragés.

Il faut convenir, au bout du compte, mon cher ami, que le public est plus clairvoyant qu'on ne le dit : si on l'empêche de parler et d'écrire , il n'en pense pas moins, et tôt ou tard, il se venge un peu plus fort des injures qu'on lui fait ; au lieu que, lorsqu'il est permis de citer les gens devant le tribunal de l'opinion, chacun se tient à son devoir, parce qu'on sait que la vigilance du public anime celle des magistrats pour la repression de tous les délits.

Notre tableau dit positivement : *Sage liberté de la presse ou l'esclavage.* C'est l'opinion de tous les publicistes. Pourquoi donc hésiter sur cette question. En vérité, la discussion en est trop bizarre.

Notre société littéraire, en lisant les journaux, croit avoir aperçu une chose assez singulière ; c'est que ce sont les amis de la couronne qui s'opposent à la liberté de la presse ; et que parmi ceux qui la demandent, il y a beaucoup d'hommes de la révolution qui auraient quelques motifs de la redouter, s'ils n'avaient pris le parti généreux de faire oublier leurs fautes par un attachement

sincère à la monarchie, qui seule peut
assurer la prospérité de l'Etat (1).

---

(1) Pendant qu'on imprime ceci, la loi sur la
presse, proposée par M. l'abbé de Montesquiou,
a été adoptée par la chambre des Députés. C'est
un mauvais tour que des hommes puissans se
sont joué à eux-mêmes ; ils sauront avant deux
mois, l'effet que leur haute politique produira
sur celle de l'Europe. Une sage liberté de la
presse pouvait leur être utile : ils aiment mieux
s'exposer a être déchiquetés par des libelles. Espérons que la chambre des Pairs montrera plus
de sagesse, ou que le Roi, pour conserver toutes
les prérogatives de la couronne, rejettera la loi,
lorsqu'elle lui sera présentée. Il n'appartient
peut-être qu'à un serviteur fidèle de donner cet
avis, mais quand on a constamment combattu
la révolution, quand les écrits qu'on a publié
contre elle attestent qu'on avait prévu toutes
ses phases, on craint de trop prévoir dans l'a-
venir.

Qu'on lise notre histoire, on verra que les
intérêts personnels des ministres ont toujours
été la principale cause de nos fautes et de nos
malheurs. Or il est bien prouvé que la liberté de
la presse est le seul moyen de contenir l'autorité

Dites-moi donc, mon cher Val.... est-ce que les prétendus amis du Roi n'en

---

ministérielle , et de faire éclater la vérité. On nous cite le règne de Louis XIV ; et l'on oublie que, malgré la magnanimité de ce prince, la trop grande puissance de ses ministres l'entraîna dans les erreurs les plus funestes ; que sous ce règne Télémaque parut un ouvrage séditieux , que son illustre auteur fut exilé, que le chancelier Daguesseau eut le même sort, que le maréchal de Luxembourg fut mis à la Bastille , que le Palatinat fut incendié , la Hollande ravagée, et l'édit de Nantes révoqué ; que des millions de Français furent alors réduits à s'expatrier, et que l'Europe vit avec horreur des vieillards et des gentilhommes condamnés aux galères pour cause de religion. Assurément ces abus de pouvoir n'auraient pas terni la gloire de ce règne fameux , si la liberté de la presse avait laissé aux Français le moyen de faire parvenir leurs sentimens jusqu'aux pieds du trône.

Quant à la calomnie que l'on a l'air de craindre pour la société , elle s'exercera bien plus en paroles que par des écrits , tant que nos mœurs seront aussi corrompues ; et le moyen le plus sûr auraient que le nom ? Cela m'inquiète. On dit ici qu'il y a dans le nombre de ces nouveaux convertis des gens qui ne songent qu'à leur intérêt personnel ; qu'ils voudraient effrayer ce prince magnanime, et qu'ils tachent d'entourer son trône de complots et d'erreurs. Est-ce qu'ils ne savent pas que les Bourbons ont toujours été sans peur et sans reproche ? Est-ce qu'ils ignorent que toute la France a voulu le Roi, qu'elle l'aime sincèrement, qu'elle sacrifierait tout pour lui, qu'elle sait que lui seul peut guérir ses maux, et qu'elle ne veut plus entendre parler de factions ni d'intrigues ? Qu'ils jettent les yeux sur notre tableau, ils y verront ces mots inséparables : *La justice et le Roi.*

---

d'améliorer les mœurs, est encore la liberté de la presse.

Voyez la Suisse, les États-Unis d'Amérique et sur-tout l'Angleterre, dont on ne cesse de vous peindre l'état et la politique de la manière la plus étrange, *afin de perpétuer vos erreurs.*

Ils y trouveront ensuite cette phrase répressive :

Le public est clairvoyant.

J'arrive enfin au budget. Pour résoudre mes questions, n'oubliez pas nos petites phrases :

L'agriculture ne peut marcher sans capitaux ,
Les manufactures sans consommateurs ,
Le commerce sans liberté ,
Le travail sans profit,
Enfin, *les impôts ne doivent être levés que sur les facultés réelles des contribuables.*

QUESTIONS SUR LE BUDGET.

1° La France montrera-t-elle beaucoup de sagesse et de force à ses amis et à ses ennemis, en persévérant dans

le système financier qui a détruit l'As-
semblée constituante, la Convention,
le Directoire et Buonaparte ?

2° La France sera-t-elle soulagée, et
son administration obtiendra-t-elle des
encouragemens, en conservant toutes
les surtaxes de Buonaparte pour 1814;
en ajoutant pour l'avenir 26 centimes sur la contribution foncière, et
37 centimes sur la contribution personnelle ?

3° N'est-il pas bien connu que ces
taxes ont toujours été mal réparties,
qu'elles donnent lieu à des réclamations
continuelles ; et que l'inégalité de leur
répartition va être augmentée par les
nouveaux centimes que le ministre propose d'ajouter aux anciens ?

4° N'est-il pas prouvé que les contributions directes dessèchent l'agriculture,
en lui enlevant une grande partie de ses
revenus, qu'elles coupent les veines à
l'industrie en arrêtant la circulation et
le bon emploi des richesses, et qu'elles

détruisent ainsi le produit des contributions indirectes?

5° N'est-il pas bien étrange que l'on
propose de surcharger les terres, au
moment de la paix, lorsque tous les
bons esprits ne cessent de dire que
l'agriculture est notre principale res-
source, et que l'on ne peut l'améliorer
qu'en diminuant ses charges, qu'en lui
donnant plus de liberté, et en attirant
plus de capitaux dans les campagnes?

6° Est-il nécessaire de conserver des
armées, des commis, pour lever des
droits sur les consommations? L'exemple des anciens états de Languedoc ne
prouve-t-il pas que l'on peut obtenir
par des abonnemens le même revenu
pour la trésorerie, et que ces abonnemens délivreraient les contribuables de
toutes les vexations des commis?

7° Le produit des sels, des tabacs,
des douanes, etc. est-il aussi incertain
que le dit le ministre des finances; et
des taxes sur des consommations jour-

nalières , ne produisent - elles pas un revenu journalier ?

8° Peut - on proposer à la France épuisée , de payer en 1815, plus de 100 millions de contribution , au-delà de la somme totale que payait le royaume avant la révolution , lorsqu'il jouissait d'un grand commerce, des plus belles colonies, et que la masse du papier de confiance était infiniment plus considérable qu'elle ne l'est aujourd'hui ?

9° Est-il raisonable de vouloir payer les fournisseurs de l'ancien gouvernement , sans avoir bien fait constater leurs créances par un bureau de liquidation, dont toutes les opérations soient publiées jour par jour ?

Ce bureau de liquidation peut-il être exact et courageux sans cette publicité , et si les liquidateurs ne sont pas indépendans des commis de chaque ministre (1) ?

____

(1) Le budget ne décide rien sur le mode de la liquidation. Il est évident que chaque créan-

10° Est-il juste, est-il moral d'attacher un intérêt de 8 pour cent aux bons de liquidation ? Cet intérêt usuraire ne favorisera-t-il pas toute espèce d'agio-

---

cier voudra être liquidé le premier, et que celui qui le sera le dernier fera une perte considérable : les créanciers sont ainsi rejetés dans le champ de l'intrigue et des sollicitations ; et qu'elle pureté angélique ne faudrait-il pas aux liquidateurs pour résister aux séductions qui vont les entourer ? Il n'y a qu'une manière de les mettre à l'abri des tentations, c'est de déclarer que les créanciers qui déposeront leurs titres dans un trimestre, seront liquidés et payés dans le trimestre suivant, par ordre de numéro.

Le gouvernement de Buonaparte ne permettait aux ministres d'ordonnancer que jusqu'à concurrence des fonds mis à leur disposition ; il semble qu'à présent on veut leur donner carte blanche, et qu'ils pourront grever l'état à volonté : ils n'en feront rien sans doute ; le Roi est clairvoyant, le public n'est pas si bête qu'on le croit, la responsabilité ne sera pas un vain mot ; ainsi, les ministres tiendront en bride les fripons qui obsèdent depuis si long-temps les bureaux.

tage ? Les autres propriétés ne pouvant donner de pareils revenus, toute la France ne sera-t-elle pas tentée de jouer sur la place ; et l'agriculture, ainsi que le commerce, ne seront-ils pas privés par contre-coup d'une partie des capitaux que réclament leurs besoins ?

11° Sept cent cinquante neuf millions d'obligations du trésor négociés à la bourse sous la seule influence du ministre, et avec les restrictions qu'il voudra, ne produiront-ils aucune secousse dangereuse ? Comment pourra-t-on alors surveiller les opérations du ministre ? Que deviendra sa responsabilité constitutionnelle au milieu d'un jeu énorme qu'il pourra diriger à sa guise vers la hausse ou vers la baisse !

12° Est-il prudent de promettre le paiement des nouvelles obligations dans trois ans, lorsqu'une foule de circonstances, faciles à prévoir, peuvent nous forcer encore de recourir à des anticipations ?

13° L'aliénation des bois de l'état contre de l'argent , jointe à celle des biens des communes, ne doit-elle pas produire la diminution de la valeur vénale du territoire , et par conséquent la diminution des produits de l'enregistrement ?

14° N'est-il pas vrai que les plus belles propriétés se vendent fort mal dans ce moment , et que la masse de l'argent peut diminuer beaucoup, par l'effet de la balance du commerce , et par le besoin de rétablir nos colonies? Ne doit-on pas craindre en conséquence que les bois soient généralement adjugés à vil prix?

15° N'est-il pas étonnant que la dépense du ministre des finances soit portée dans le budget de 1814 et dans celui de 1815 pour 23 millions, tandis que ce ministère et celui du trésor ne figuraient dans le budget de 1813 que pour 29 millions 700 mille fr. , et que l'on vient d'en distraire les dépenses du corps législatif et du conseil d'état, qui y étaient comprises anciennement pour 8 millions? Toutes les autres dépenses du ministère n'ont-elles pas d'ailleurs été réduites de plus d'un quart par la paix et par la diminution du territoire?

16° Est-il convenable de vouloir payer une grande partie de l'arriéré, avec des augmentations de taxes, tandis qu'il est de principe en finances que les dépenses extraordinaires doivent être acquittées par des recettes extraordinaires?

17° Est-il bien vrai que la France ne possède pas de meilleures ressources pour faire face à ses engagemens que celles que propose le ministre? N'est-il pas très-évident qu'en aliénant les bois contre des bons de liquidation, qui ne pourraient être employés à aucun autre usage, il n'y aurait ni agiotage à craindre, ni remboursement à redouter, et que toute l'opération serait d'une exécution facile et prompte?

N'est-il pas clair qu'en diminuant les

taxes sur les terres et les personnes, on augmenterait le produit des contributions indirectes ; et que si les impôts sur les consommations étaient bien établis, ils fourniraient, sans violence et avec très-peu de frais, toutes les sommes, nécessaires à l'entretien du gouvernement ?

L'exemple de l'Angleterre n'est-il pas. très-frappant à cet égard, puisque, sans. opprimer personne, et en favorisant toute espèce d'industrie, le produit des impôts sur les consommations est à-peu-près triple du produit de toutes les taxes dont le poids nous accable ?

Réfléchissez attentivement sur cette matière, et notre société vous dira ensuite tous les moyens d'établir sans secousse ce bienfaisant système de finances.

18° Est-il bien sûr que nous ne puissions pas, comme le dit le ministre, former dès aujourd'hui une bonne caisse d'amortissement ? N'avons-nous pas des ressources inaperçues et légitimes dans le capital du reste des bois, dans celui des édifices inutiles, et des rentes foncières appartenant à la couronne?

19° Est-il bien vrai que le fait de la guerre, et la réduction du territoire aient diminué le revenu public de 725 millions 800 mille francs? Cette diminution n'est-elle pas très-exagérée, pour motiver la conservation des surtaxes de Buonaparte?

20° Le budget a-t-il statué, d'une manière positive, sur le soulagement des départemens qui ont été le théâtre de la guerre; sur une meilleure répartition de la contribution foncière, de la contribution personnelle et mobilière, de celle des portes et fenêtres et de celle des patentes?

Le ministre a-t-il pu croire qu'il suffisait de renvoyer ces opérations urgentes aux conseils de département, d'arrondissement, et aux préfets, qui, comme on le voit, n'ont jamais remédié aux vices de répartition?

21° Le ministre a-t-il seulement exa-
miné l'inutilité de l'administration du
cadastre, qui, dans huit ans, a coûté
cinquante-huit millions 800 mille francs,
et qui coûterait encore plus de deux
cents millions, sans pouvoir jamais produire aucun bon résultat ?

22° Est-il bien conforme à l'intérêt
public que le ministre des finances se
réserve la distribution des centimes ad-
ditionnels? Les abus inconcevables aux-
quels cette distribution donne lieu, ne
devaient-ils pas lui faire désirer que les
centimes fussent employés à l'avenir
conformément à leur institution primi-
tive, et que le compte de cet emploi fût
publié dans chaque département ?

23° N'est-il pas bien étrange, lorsque
la France, dans les derniers momens de
la tyrannie, a été frappée de contributions particulières, etc. etc. par des préfets et par des commissaires, que le projet de loi sur les finances ne parle de ces

rapines que pour défendre de continuer ces vexations, et que ce projet de loi n'exige aucun compte public de ces taxes arbitraires ?

24° Conçoit-on, enfin, que le ministre, qui porte en dépense l'énorme somme de 12 millions en 1814, et de 10 millions en 1815, pour les frais de négociation, ait totalement oublié les dépenses imprévues, qui sont toujours un objet très-considérable ?

Notre société, mon cher Val..., pourrait ajouter encore quelques questions très-importantes sur les finances, notamment sur l'état de la trésorerie au 1er avril, et sur les économies dont chaque ministère paraît susceptible ; elle vous adressera peut-être un jour ces questions, mais cette lettre est déjà bien longue : vous serez du moins convaincu que nous avons du zèle pour le bien de l'Etat. Une existence aventurière ne doit plus convenir aux Français ; des occupations utiles doivent seules fixer leurs regards; désormais ils peuvent tous arriver à la fortune par des travaux honorables; et c'est ainsi qu'il faut servir et l'Etat et le Roi.

FIN.

www.ingramcontent.com/pod-product-compliance
Lightning Source LLC
Chambersburg PA
CBHW061756060726
47597CB00007B/2959